Bibliografische Information der Deutschen Nationalbibliothek:

Die Deutsche Bibliothek verzeichnet diese Publikation in der Deutschen National-
bibliografie; detaillierte bibliografische Daten sind im Internet über http://dnb.d-
nb.de/ abrufbar.

Impressum:

Copyright © 2012 GRIN Verlag
Druck und Bindung: Books on Demand GmbH, Norderstedt Germany
ISBN: 9783668716773

Aron Kraft

Identität und virtuelle Realität. Von Pseudorealitäten und virtuellen Gemeinschaften

GRIN Verlag

GRIN - Your knowledge has value

Der GRIN Verlag publiziert seit 1998 wissenschaftliche Arbeiten von Studenten, Hochschullehrern und anderen Akademikern als eBook und gedrucktes Buch. Die Verlagswebsite www.grin.com ist die ideale Plattform zur Veröffentlichung von Hausarbeiten, Abschlussarbeiten, wissenschaftlichen Aufsätzen, Dissertationen und Fachbüchern.

Besuchen Sie uns im Internet:

http://www.grin.com/

http://www.facebook.com/grincom

http://www.twitter.com/grin_com

Identität und virtuelle Realität

Von Pseudorealitäten und virtuellen Gemeinschaften

Aron Kraft

Inhaltsverzeichnis

Einleitung

Die sich immer mehr ausweitende Netzwelt kann das Individuum einerseits durch einen Mausklick in die virtuelle Welt befördern, andererseits existieren wir nur deshalb, weil wir diesen Mausklick getätigt haben. Diese Ambivalenz wirft pikante Fragen auf: Nämlich ob wir uns im Netz als Individuen bewegen, unsere Identität etwa erst im Netz hergestellt wird oder wir in der virtuellen Welt gar nicht mehr als menschliche Identitäten wahrgenommen werden.[1] Diese offenen Fragen gilt es im Folgenden näher zu untersuchen. Allen voran ist hierbei zunächst auf die Mediensozialisation einzugehen, welche gewisse Differenzen zwischen Bevölkerungsgruppen erklären kann. Um sich nachfolgend mit den virtuellen Realitäten beschäftigen zu können ist es von Vorteil zunächst die Ausgangssituation dieser auszuführen. Hierbei sollen die kybernetischen Interaktionsmedien genannt werden, da virtuelle Realitäten als Formen dieser aufbauen. Nach dieser Thematisierung werde ich mich dem Thema Pseudorealitäten widmen. Dabei werde ich darauf eingehen, dass diese schon in der Zeit vor dem Internet durch Fernsehsendungen wie „Star Trek" einen regelrechten Kult auslösten. Nach einem kleinen Exkurs zur umstrittenen Pseudonymbenutzung im Internet, werde ich zum Schluss noch die virtuellen Realitäten beschreiben, welche ebenfalls zur Diskussion anleiten.

Mediensozialisation

Es muss eine Unterscheidung getroffen werden in welchem Zusammenhang ein Nutzer des Mediums Internet in Kontakt gekommen ist. Die älteren Jahrgänge sind im Laufe ihrer Jugend irgendwann mal mit dem Internet in Kontakt geraten und haben es sich angeeignet. Die Jüngeren aber sind sozusagen von Kindesbeinen an mit dem Internet aufgewachsen und haben demnach auch einen anderen Umgang mit dem Medium. Es wird hier von den „Mediensozialisierten"[2] gesprochen.

Dieser andere Umgang mit den Medien hat grundlegende Unterschiede der heutigen jungen Generation und der die etwa in den 1970er Jahren geboren wurde. Diese ältere Generation hat sich zum Beispiel mit einer bestimmten Fernsehsendung identifiziert und fast jeder hat diese auch verfolgt. Heute haben dagegen fast alle einen bestimmten Clip auf Youtube gesehen und tauschen sich darüber aus. Genauso wie bei den Online-Games, wo ganz neue Helden produziert werden. So nehmen virtuelle Identitäten immer

---

[1]   Vgl. Thimm 2000, 71.
[2]   Kurz / Thiedeke 2010, 114.

mehr die Gestalt einer Heldenfigur ein. Diese Vorbildfunktion hat sich zum Teil bereits in der Cyberwelt etabliert.

Die Internetbenutzung hat in den vergangen Jahren signifikant zugenommen und von den Jugendlichen ist in Deutschland heute nahezu jeder tagtäglich oder zumindest gelegentlich online. In der Schule beinahe und an der Universität sowieso ist die Internetnutzung bereits Voraussetzung. Bei dieser Sachlage ist es kaum zu glauben, dass vor zehn Jahren etwa noch nicht einmal jeder zweite einen Email-Account hatte. Die Medienkompetenz ist dabei heute zwischen Mädchen und Jungen größtenteils ausgeglichen. Differenzen zeigen sich vielmehr zwischen den sozialen Herkunftsschichten. Abiturienten, die vorwiegend aus statushöheren Elternhäuser als Hauptschüler stammen, zeugen daher auch von einer größeren Kompetenz. Durch diese Situation eröffnet sich für uns, dass virtuelle Welten ein bedeutender Sozialisationsfaktor sind. In ihrer Wirkung sind diese aber nicht einheitlich, sondern verstärken die Sozialisationsungleichheiten von Schule und Elternhaus. Mediensozialisation meint hier also Sozialisation durch Medien und hin zu Medien.[3]

Virtuelle Realitäten als Form der kybernetischen Interaktionsmedien

Zunächst einmal sind virtuelle Realitäten eine spezifische Kommunikationsform der kybernetischen Interaktionsmedien.[4] Neben den virtuellen Realitäten stehen auch Microbloggings, welche Hyperindividualitäten ermöglichen. „Twitter" wäre ein Beispiel für einen Microblogging-Dienst. Daneben gibt es aber auch Wikis, wobei alle oder eine begrenzte Gruppe am relevanten Wissen mitwirken kann, als Ausprägungen der Kommunikationsformen. Hier kann sich eine konditionierte Kollaboration, wie etwa bei „Wikipedia" durchsetzen. Kybernetische Interaktionsmedien zählen zu den Aufmerksamkeitsmedien. Andere Aufmerksamkeitsmedien sind Verstehens- und Massenmedien. Die Besonderheit bei den kybernetischen Interaktionsmedien ist, dass sie die Mitteilungen für eine individuelle Gestaltung einerseits oder Steuerung andererseits öffnen können. Zu den kybernetischen Interaktionsmedien zählen wir sowohl stationäre wie auch mobile Computer, aber auch Computernetze fallen darunter. Konkret bewirken kybernetische Interaktionsmedien, dass nicht mehr nur durch, sondern auch in medialen Formen kommuniziert wird. Die Mitteilung medialer Kommunikation wird informatisiert. Es erfolgt außerdem eine Verfügungmachung zur permanenten Veränderung durch die Kommunikationsbeteiligten. Hinsichtlich ihrer

---

[3]   Schäfer 2010, 73f.
[4]   Vgl. Thiedeke 2011, 277.

Qualität auf der Wirklichkeitebene sind die Interaktionsmedien keine wirkliche Erweiterung der Massenmedien, dafür aber ein neuer Aufmerksamkeitstyp. Als Folge ist eine zunehmende Variabilität medialer Kommunikationen zu registrieren. Es können hierbei eine Vielzahl von Medien zu den Interaktionsmedien zusammengefasst werden. Auch eine distanzierte Steuerbarkeit um eine Vermöglichung der vermittelten Wirklichkeit zu erreichen ist ein Merkmal von Interaktionsmedien. Mit der Vermöglichung weichen bisher festgelegte Wirklichkeitsbedingungen aus ihren Grenzen. Für die virtuelle Realität ist hier grundlegend, dass diese aus „faktisch realisierbaren Wirklichkeitsmöglichkeiten entsteht."[5]

Wenn wir uns das Umfeld von virtuellen Realitäten ansehen wollen, dann bewegen wir uns im Cyberspace. Diese künstlichen Räume sind komplett beherrschbar. Wir können die Räume der virtuellen Realitäten also kontrollieren. Doch woher kommt dieses Wort "Cyberspace" nun eigentlich? "Cyber" wird auf Kybernetik zurückgeleitet. Dieser Begriff, der wiederum dem griechischen "Kybernetike" entspringt, übersetzt sich als "die Kunst des Steuermanns".[6] Diese Welt ist an für sich mit jedem und allem vernetzt und ermöglicht eine gewisse Machtausübung denjenigen, welche über die Kontrolle und das benötigte Know-How verfügen. Drängt man tiefer in die Materie ein findet sich auch eine Übersetzung des Cyberspace in eine Sinnraum bzw. einen Sinnhorizont. Dies wird dann klar, wenn man sich bewusst macht, dass dessen Dimensionen Möglichkeiten schaffen seine codierte Realität oder die eines anderen in ihrer Erscheinung nach Belieben zu verändern. Trotz dieser Erkenntnis darf man hierbei keine Vermischung der virtuellen und der physikalischen Realität erwarten. Das physikalische Sein wird nicht in ein virtuelles befördert und von diesem auch nicht ersetzt. Der Cyberspace ist also im weiteren Sinne "zwischen" den Computern auffindbar, welche eine Onlineverbindung zum Internet haben. Diese zugegeben sehr vereinfachte Aussage wird allerdings auch einen Wink auf die technischen Bedingungen, die zum Bestehen des Cyberspace nötig sind. Die virtuelle Kommunikation und die technische Bedingtheit machen den Cyberspace hier als sozio-technischen Sinnhorizont transparenter.[7]

Pseudorealitäten

Mit dem Internet hat sich dem individuellen User auch schon immer die Möglichkeit angeboten, seine virtuelle Identität bezogen auf die im realen Leben zu manipulieren.

---

[5]   Thiedeke 2011, 261.
[6]   Thiedeke 2004, 124.
[7]   Vgl. Thiedeke 2004, 133.

Die unendlichen Weiten des Internets scheinen dem User anzubieten, seine volle Identität nicht preis zu geben. Tatsächlich hat man vielmals das Recht verschiedene Bereiche seiner Person nicht offen zu legen. Man denke zum Beispiel an Flirtportale oder Online-Games. Dieser Begebenheit anschließend ist ein offizielles Gesetz denkbar, was die Freiheit auf freie Wahl der Personendaten die ich im Internet mache, festlegt. So wäre man abgesichert gegen Vorwürfe bewusster Täuschungen, die man als Fake bezeichnet.[8] Ohne Frage; es ist durchaus verlockend sich in der virtuellen Welt als eine Art Superheld auszugeben. Hatte man in der Kindheit schon immer diesen Traum, ist er hier mit ein paar Mausklicks zu verwirklichen.

Vom ursprünglichen Wortsinn haben die Pseudorealitäten heute im Internet einen schlechten Ruf. Bedeutet das Wort Pseudo doch im übertragenen Sinne „Scheinwelt" oder auch „Verdummung".[9]

Als ein Beispiel solcher Pseudorealitäten kann die Star Trek Saga angesehen werden. Das unter anderem mit der US-amerikanischen Serie Raumschiff Enterprise vertretene Scince-Fiction-Entertainment häufte sich nicht zuletzt wegen ihres Gemeinschaftsmodells eine große Schar an Anhängern um sich. So genannte "Trekkies" haben sich daraufhin eine Pseudorealität angeeignet, die sie in der Gemeinschaft miteinander teilten.[10]

Die Identität ist in diesem Zusammenhang von zentraler Bedeutung in virtuellen Gemeinschaften. Doch viele Elemente der Persönlichkeit und der sozialen Rolle, die wir in der physischen Welt als eine Selbstverständlichkeit gewohnt sind, sind in der virtuellen nicht vorhanden. Im Alltag haben wir eine einzige Identität, unabhängig von den verschiedenen sozialen Rollen die wir darüber hinaus beherbergen. Die zentrale Aussage ist "I am my body to the extent that I am".[11] Dies ist im Cyberspace anders. Unsere Identität ist hier nicht völlig offen. Es sind nur spärliche Hinweise auf sie vorhanden, doch sie existieren.

Den neuesten Entwicklungen im Internet stehen viele davor. Wenn man bedenkt, dass die Medien zunächst die Grenzen überwanden an Raum und Zeit gebunden zu sein ist heutzutage eine ganz andere Grenzüberschreitung zu beobachten. Nämlich die der Identität.[12]

Als ein Beispiel solcher Pseudorealitäten kann die Star Trek Saga angesehen werden. Das unter anderem mit der US-amerikanischen Serie Raumschiff Enterprise vertretene

---

[8]   Vgl. Kurz / Thiedeke 2010, 112.
[9]   Kurz / Thiedeke 2010, 113.
[10] Vgl. Kurz / Thiedeke 2010, 117.
[11] Kollock / Smith 1999, 29.
[12] Vgl. Rheingold 1994, 185.

Scince-Fiction-Entertainment häufte sich nicht zuletzt wegen ihres Gemeinschaftsmodells eine große Schar an Anhängern um sich. So genannte "Trekkies" haben sich daraufhin eine Pseudorealität angeeignet, die sie in der Gemeinschaft miteinander teilten.[13]

Den neuesten Entwicklungen im Internet stehen viele davor. Wenn man bedenkt, dass die Medien zunächst die Grenzen überwanden an Raum und Zeit gebunden zu sein, ist heutzutage eine ganz andere Grenzüberschreitung zu beobachten. Nämlich die der Identität.[14]

Exkurs: Chats und Pseudonymbenutzung im Internet

Eine in der letzten Zeit geführte Diskussion über die Pseudonymbenutzung in sozialen Netzwerken zeigt einmal mehr die unterschiedlichen Standpunkte der Gegner und der Befürworter. Allen voran ist hierbei das soziale Netzwerk „Google+" zu erwähnen, welches seinen Benutzern die Verwendung von Pseudonymen nicht gestatten möchte. Kritisiert wird von den Pseudonymgegnern die Aneignung einer Pseudoidentität, die die wahre Identität des Users ändert oder verschleiert. Diesem Standpunkt steht die Meinung der Pseudonymbefürworter entgegen, dass solche Kritiker die Identität einer Person lediglich am Namen der im Personalausweis steht festmachen. Identitätsstiftend sei also nur der offizielle oder der allgemein am meisten genannte Name. Zugegeben ist diese These kein tiefergreifendes Vordringen in das Thema Identität. Obwohl der Name im Personalausweis durchaus identitätsstiftend ist und bei Online-Rollenspielen in der Tat auch in eine andere Identität geschlüpft wird, bedarf es einer tiefergreifenden Betrachtungsweise.

Man muss hierbei aber auch beachten, dass sich die jeweiligen Spieler auch häufig mit ihren realen Namen kennen und so auch ansprechen. Natürlich gibt es im Netz zahlreiche Chateinrichtungen bei denen lediglich der frei gewählte Nickname bekannt ist. Im Gegensatz zu einem Online-Game beruht die Interaktion hier aber auf alltagsweltliche Themen, eben wie im realen Leben. Der Chat zeugt von einer reichhaltigen Palette seiner Übertragungswege. Die Kommunikation darin kann etwa einer breiten Öffentlichkeit zugänglich gemacht werden oder auch nur an eine bestimmte Person. Die Medien setzen sich über die räumliche Entfernung der Kommunikationsteilnehmer hinweg. So kann entweder ein Wechsel der Kommunikationssender und -empfänger stattfinden oder ein einseitiger Prozess

---

[13]   Vgl. Kurz / Thiedeke 2010, 117.
[14]   Vgl. Rheingold 1994, 185.

vollzogen werden. Der Kommunikationsempfänger kann speziell ausgesucht werden oder willkürlich sein. Das Besondere im Vergleich zur Massenkommunikation ist aber, dass bei der Chatkommunikation der Empfänger die Möglichkeit hat aktiv in das Kommunikationsgeschehen einzugreifen.[15]

Kommt nun ein Treffen außerhalb der Cyberwelt zustande ist es nicht selten, dass man sich auch hier mit den genutzten Nicknames anspricht, ganz gleich ob der primäre Kontakt durch den Chat oder durch ein Online-Game stattgefunden hat. So kommt es zwar gewissermaßen zu einer Vermischung von Online- und realer Identität, trotzdem wird keine andere Identität vor seine eigentliche geschoben. Dieser Aussage kann beigefügt werden, dass sich unsere Identität weitaus komplexer zusammensetzt als von vielen angenommen. So ist unter ihren Elementarteilchen auch das ein oder andere Psynonym zu finden. Dies ist deshalb so, weil wir mit unseren Pseudonymen in virtuellen Welten zum Teil stabile soziale Verbindungen aufbauen und unser soziales Leben dadurch enorm beeinflussen. Klar ist auch, dass es gewisse Unterschiede im Verständnis gibt, Pseudonyme zu verwenden. Ich spreche hierbei die Generationendifferenz an. Für die Mediensozialisierten, insbesondere denen die mit dem Internet groß geworden sind, sind virtuelle Gemeinschaften und Identität auf bereichernde Weise miteinander verknüpft. Doch um das Bestehen solcher virtuellen Gemeinschaften zu sichern sind auch einige Anforderungen, wie länger währende und aktive Verwendung eines Namen, ob der Realität entsprechend oder erfunden.[16]

Virtuelle Gemeinschaften

Die Identität ist von zentraler Bedeutung in virtuellen Gemeinschaften. Doch viele Elemente der Persönlichkeit und der sozialen Rolle, die wir in der physischen Welt als eine Selbstverständlichkeit gewohnt sind, sind in der virtuellen nicht vorhanden. Im Alltag haben wir eine einzige Identität, unabhängig von den verschiedenen sozialen Rollen die wir darüber hinaus beherbergen. Die zentrale Aussage ist "I am my body to the extent that I am".[17] Dies ist im Cyberspace anders. Unsere Identität ist hier nicht völlig offen. Es sind nur spärliche Hinweise auf sie vorhanden, doch sie existieren.

Was zeichnet nun eine virtuelle Gesellschaft aus? Sie alle haben eine Gemeinsamkeit; ohne sich persönlich zu kennen, liegt ihnen ein gemeinsames Interesse zugrunde.

---

[15] Vgl. Gallery 2000, 74.
[16] Vgl. https://www.datenschutzberatung.org/2011/08/01/die-sache-mit-den-pseudonymen-und-der-identität
[17] Kollock 1999, 29.

Beispielsweise können die Leser einer Zeitung eine derartige Gemeinschaft ausbilden. Ohne jeglichen persönlichen Bezug zueinander zu haben, vereint sie nur das gemeinsame Medium, die Zeitung. In der Leserbriefseite haben sie die Möglichkeit die Inhalte des Mediums zu kommentieren. Solche dadurch entstehenden Pseudogemeinschaften können auch im Chat ausgebildet werden. Hier fungiert nur der Chat oder ein Forum als Verbindungselement. Sobald jedoch das Medium abgeschaltet wird, verschwindet auch die virtuelle Gemeinschaft von der Bildfläche. Hier zeigt sich die temporäre Begrenztheit derartiger Pseudogemeinschaften. Die Benutzer sind dann genötigt sich ein neues Medium zu suchen.[18]

Virtuelle Gemeinschaften sind inzwischen ein fester Bestandteil in der Soziologie. Trotzdem bleibt dieser Begriff doch noch recht diffus. Alleine bei dem Wort "Gemeinschaft" herrscht in unserem Alltag keineswegs eine unangefochtene Definition. Bei der Annäherung an diese Problematik stoßen wir bei Rheingold auf die folgende Erklärung:
"Virtual communities are social aggregations that emerge from the New when enough people carry on those puplic discussions long enough, with suffiecient human feeling, to form webs of personal relationships in cyberspace."[19]
Trotz dieser Aussage ist die Unklarheit aber noch nicht gänzlich aus dem Weg geräumt. Zu den wichtigsten Gemeinschaften wie den der Berufs-, Fan-, Praxis-, posttraditionalen und den epistemischen Gemeinschaften ließe sich ohne Probleme die der virtuellen Gemeinschaften hinzufügen. Bei der Frage nach dessen Gemeinsamkeit ist jedoch zu bemerken, dass kaum alle dieser Gemeinschaften über ein selbes verbindendes Merkmal verfügen. Eine Antwort der Begriffsproblematik ist daher "Gemeinschaften auf einer höheren Abstraktionsebene zu definieren".[20]

Bei virtuellen Gruppen ist eine auffallend hohe Flexibilität ihres Erscheinungsbilds vorhanden. Nämlich von einer organisatorisch-strukturierten Arbeitsgruppe zu einer virtuellen Netzgruppe. Sie zeichnen sich auch durch komplexe Umweltbeziehungen aus. Virtuelle Gruppenmitglieder sind letztendlich allzu oft auch im realen Leben Mitglieder von "face-to-face Gruppen".

---

[18]   Vgl. http://ostendfaxpost.redio.de/polit/politsekten5.html
[19]   Rheingold 1993, 5.
[20]   Jäckel / Mai 2005, 57.

Zusammenfassung

Wir haben im vorausgegangen Text einen Einblick in die Welt der virtuellen Realitäten erhalten. Beim Befassen mit der Thematik war es nötig sich nicht einzuschränken und zunächst einmal auf die Mediensozialisation einzugehen. Dadurch wurde bewusst, dass unterschiedliche Standpunkte in den darauffolgenden Ausführungen auch mit der Frage verknüpft ist, ob man mit dem Internet groß geworden ist oder in ihm sozusagen hineingewachsen ist. Daneben habe ich auch erörtert, wie die Medienkompetenz mit dem sozialen Status des Elternhauses zusammenhängt. Die metaphorische Zeugung und Geburt von virtuellen Realitäten erklärte ich im anschließenden Kapitel. Virtuelle Realitäten entstehen demnach als Kommunikationsform der kybernetischen Interaktionsmedien. Meine Ausführungen zu diesem Thema sind natürlich nur als kurzer Einblick zu verstehen, da sich der Sachverhalt weitaus komplexer gestaltet. Zunehmend kritischer sind dagegen die Pseudorealitäten anzusehen. Waren diese in früheren Jahren sozusagen noch überschaubar, ufern sie mit den unendlichen Weiten des Internets in dieser Zeit immer mehr aus. Die kurze Abschweifung zum Thema der Pseudonymbenutzung hat uns gezeigt, dass unterschiedliche Standpunkte vor allem zwischen den Generationen anzutreffen sind. Vielfältig in ihrer Definition haben sich für uns die virtuellen Gemeinschaften präsentiert. Wie die weitere Entwicklung dieser virtuellen Realitäten und Gemeinschaften aussieht, wird sich in Zukunft zeigen. Doch es dürfte sicher sein, dass diese von unserem sozialen Leben immer mehr die Überhand nehmen und es beeinflussen werden.

Literatur

Gallery, Heike:"bin ich-klick ich" - Variable Anonymität im Chat in Thimm, Caja (Hrsg.): Soziales im Netz. Westdeutscher Verlag GmbH, Opladen/Wiesbaden, 2000.

Gläser, Jochen; Neue Begriffe, alte Schwächen: Virtuelle Gemeinschaft in Jäckel, Michael / Mai, Manfred (Hrsg.); Online-Vergesellschaftung? Mediensoziologische Perspektiven auf neue Kommunikationstechnologien. VS Verlag Wiesbaden, 2005.

Kurz, Constanze; Thiedeke, Udo: Picknick mit Cyborgs. Ein interdisziplinäres Gespräch über die alltägliche Vernetzung. Paperback.

Kollock ; Smith, Marc A.: Communities in Cyberspace. Routledge. 1999, London.

Rheingold, Howard; Virtual Community - Homesteading on the Electronic Frontier. Menlo Park, CA: Addison-Wesley Publishing Company, 1993.

Rheingold, Howard: Virtuelle Gemeinschaft - Soziale Beziehungen im Zeitalter des Computers. Addison-Wesley. 1994, Bonn.

Schäfer, Christian; Erweiterte Wirklichkeit(en). LIT Verlag Dr. W. Hopf Berlin, 2010.

Thiedeke, Udo (Hrsg.); Cyberspace: Matrix der Erwartungen in: Soziologie des Cyberspace. Medien, Strukturen und Semantiken. VS Verlag Wiesbaden, 2004.

Thiedke, Udo: Soziologie der Kommunikationsmedien. Medien – Formen – Erwartungen. Wiesbaden, 2011.

Thiedeke, Udo (Hrsg.): Virtuelle Gruppen - Charakteristika und Problemdimensionen, Westdeutscher Verlag GmbH, Wiesbaden, 2000.

Thimm, Caja (Hrsg.) Soziales im Netz - Sprache, Beziehungen und Kommunikationskulturen im Internet. Westdeutscher Verlag GmbH, Opladen/Wiesbaden 2000.

Internetquellen

http://ostendfaxpost.redio.de/polit/politsekten5.html (Stand: 01.12.2011)
https://www.datenschutzberatung.org/2011/08/01/die-sache-mit-den-pseudonymen-und-der-identitat/ (Stand: 03.12.2011)

BEI GRIN MACHT SICH IHR WISSEN BEZAHLT

- Wir veröffentlichen Ihre Hausarbeit, Bachelor- und Masterarbeit

- Ihr eigenes eBook und Buch - weltweit in allen wichtigen Shops

- Verdienen Sie an jedem Verkauf

Jetzt bei www.GRIN.com hochladen und kostenlos publizieren